JN437153

삶의 한가운데 서서

삶의 한가운데 서서

| 장은숙 시집 |

● 시인의 말

49세라는 젊은 나이에 겪게 된 '뇌경색'이란 위기
한동안 말도 못하고 걷기도 힘들었던
어두운 터널 속을 지나
'덤으로 사는 제2의 인생'이 되고 보니
겸손과 배려를 알게 되고
더불어 따라오는 이웃사랑을 알게 되었다

산소부족을 느껴 자연과 동무하다 보니
작은 풀꽃 하나도 소중하게 보이게 되어
눈 가는 대로 마음 가는 대로
메모하던 습관이 모여
어느새 첫 시집을 탄생시킨다

나를 아프게 하던 사람들도 모두 사랑하게 되고
마음을 비우고 나니 건강도 되찾게 되었다
후유증으로 아직도 작은 공간이나 갇힌 공간에
오래 앉아 있진 못하지만
배우고 싶은 욕망에
〈천우예술문화대학〉 2기생으로
〈시낭송 시인대학〉에도 도전해

제3의 인생을 살게 되니 요즘은 하루하루가
즐겁기만 하다
“나도 할 수 있겠지?”

칠순을 넘겨 뒤늦은 나이에 문학소녀가 되라고
노안수술도 미리 준비하게 만드신 걸 보면
이 모두가 하나님의 섭리가 아니면
불가능한 일이다
마지막으로 천우 문인으로 이끌어주신
학장님, 이사장님, 그리고 총장님께 감사드린다
시인이란 이름에 걸맞게 끊임없이 노력하는
천우 문인이 될 것이며
아울러 천우미디어그룹의 무궁한 발전을
기원합니다.

2022년 5월 20일

장은숙

제1부

온도 차이

제2부

울타리

제3부

장독대

제4부

봄이 오는 소리

제1부

온도 차이

가을 나들이

친구 따라 나선 나들이
코끝을 스치는 바람
등허리 시린 가을

서로의 맵시를
눈요기 하라는 듯
뽐내는 예쁜 꽃들

벗어나고 싶은
지루한 도시 일상

오늘 따라
자주 오던 수목원
달리 보이는 것은
마음에 맞는
친구들이 있어서일까

겨울 나들이

봄나들이만 좋다 생각하던 내가
문우들과 모처럼 겨울 햇살 따라
나들이를 나섰다

하하 호호 시간가는 줄 모르고
지난 한 주 울적하던 마음 뒤로 한 채
큰소리로 떠들며 다니니
낯설던 사이도 한결 가까워진 하루

늦게 도착한 탓으로
현대미술관 뜰에서
그림 감상 대신 조각상 보며
함께한 의미도 부여해 보며

겨울 숲

미처 준비 못한 식량 탓으로 배고파
떨어진 나뭇잎 앙상한 가지 사이
겨울잠 자다 일찍 깨어난 다람쥐

욕심 많은 인간들 탓에
먹이 찾다 둥지 잃은 다람쥐 한 마리
밤 한 톨에 목숨 걸고
동료들과 싸운다

오르락내리락 분주하게 뛰어다니니
불쌍해서 눈에 밟히네
겨울 숲 풍경이다
기억 잃어 하얀 눈빛을 헤매 다니네

어쩌다 찾은 둥지 속엔
위험도 따른다
내년 봄에 그 다람쥐 다시 볼 수나 있을까?
미안하다 다람쥐야

구름아 구름아

꿈에서 만나는 내님 곁으로
나도 따라 가고픈데

구름 가네 구름 가네
뭉게구름 조각구름 훠얼훨

구름아 너는 뭐가 그리 바빠
말 한 마디 못하고 가니?

혼자서만 가버리네
언제까지 기다리면 올 거니?
안타까운 내 맘 전해 줄 순 없겠니?

부서지는 파도 속에 나타나다
사라지는 내님 모습 새기려니
아쉬움에 더욱 안타까운데

다시 볼 순 없으려나
기다려도 안 오네

뜨락

천도복숭아 열매가 주렁주렁
빨간 단풍잎과 썩 잘 어울리던 단감
그 좁은 사이 비집고 나온 목 백일홍
보랏빛 꽃잎 속 비추던 햇살
콘크리트 바닥을 뚫고 뿌리내린
왕방울만 한 붉은 대추 색

사계절을 구별하라는 듯
철 따라 옷 갈아입는 담장이 넝쿨
마당 가득 퍼지는 더덕, 장미, 도라지 향
대조되는 은행잎과 파란 상추들
뜨락을 가득 채운 꽃들의 향연

새벽을 알리는 자명종 대신
날마다 찾아와 안부를 묻던
까치랑 참새 떼들

새로 지은 건물 탓에
추억이 깃든 옛집을 찾던
새들은 지금 어디로 갔나

물거품

여명 아래 밀려드는
성난 파도가 할퀴고 간 자리
하얗게 남겨지는 물거품

당장 뛰어 들고파
하얀 눈밭 같아 다가가면
흔적 없이 사라진다

하룻밤 꿈은 아닐진대 하얗게 부서져
아쉽게 흘려보낸 지난 시간들
눈감으면 잊을까
새록새록 떠오르는 진한 여운

올 때는 천천히 다가오더니
갈 때는 사정없이 빠르게 가네
모래알처럼 헤아릴 수 없는
추억마저 사라질까 두렵네

별 내린 숲

별 없는 캄캄한 하늘은 세상 재미가 없어
가슴 한켠이 날아가 버린 듯하다
깡 시골로 여행가면 보이려나?
도시에선 산 아래를 내려다 봐야
겨우 보이는 휘황찬란한 인공별

뿌연 하늘 언젠가부터 사라진 별
꿈마저 빼앗긴 우린 누굴 원망해야 할까?
사라져간 하늘의 별 대신 반딧불
형형색색 온몸으로 만들어낸 빛
분명 그리워하던 어릴 적 꿈
사람 없는 숲속으로 돌아가야만
보이는 찬란한 불빛 그건 사랑 별

어느 날 바보상자 속 별 내린 숲
우연히 찾아낸 빛 그건 분명 별
아파트 불빛 아닌 자연적인 불빛
별 대신 헤아릴 수 있는 무수한 불빛

손주가 커서도 볼 수 있도록
키우신다는 고마운 할아버지
분명 천사 같은 마음이리라
그 불빛 속엔 고마워하는 내 마음도 함께
두둥실 떠다니는 별 내린 숲

봄 마중

매서운 겨울 추위에도 견뎌내고
저마다 앞다투어 터지는 봉오리

봄을 알리려는 노란꽃잎
매화랑 산수유랑 경쟁하듯
토옥 톡 터지는 소리

빨아올리는 나무뿌리 물소리
겨울잠 자다 튀어나온 개구리
개골개골 연주하는 울음소리
사람들 봄 마중 나온 발자국소리

내 앞에서 나온 소리일까?
내 귀에서 들려오는 소리일까?
모두가 어우러지는 음악회 하네

비가 내리면

젊어서 지저분해
우산 쓰기 싫다며 귀찮아하던 비
비 내리는 날엔 나이 들어가니
감성적으로 바뀌어가네

소낙비 내리는 소리는
이유는 알 수 없어도
후련하게 속이 뻥 뚫어지고

안개비나 보슬비 내리는 날에는
우산 속 다정한 연인도 생각나
비를 맞고 싶어진다

맑은 날엔
못 느끼던 소녀 감성이 되살아난다
추억 속에 빠져보고 싶어서일까?

사계절

봄의 교향악 화려한 꽃들이
눈을 즐겁게 한다면

파랗고 싱그러운 여름이
불어주는 청량한 바람과
열매를 주는 가을이 오면

천하를 찬란하게 장식하는 단풍
낙엽 밟는 소리에 어느새
시인되어 사색에 빠진다

얼어붙은 마음 녹이는 따스한 손길
뒤처지기 싫어 쫓아온 서리꽃

뽀드득 밟히는 하얀 눈밭 길 따라
마구 뒹구는 철없는 아이들
어느새 미소로 화답하는
철 따라 바뀌는 아름다운 사계

산

반짝이는 별빛조차 사라진
푸르름 대신 차지한 민둥산

골이 깊은 산 오르내린 지 엊그제
새소리 물소리 잊은 지도 오래

도시개발로 사라져간 산
늘어난 고층 숲

힘 빠진 다리 힘 핑계 삼아
세월이 가져다 준 후유증

스스로 꼬리 내리고
재잘거림과 웃음 대신 한숨소리만

생동하는 봄

오래된 기계처럼
고장 난 몸 고치려다 보니
봄도 모르고 지나갔네

코로나로 힘겨운 사람들도 많은데
이런 아픔쯤이야
감사한 마음으로 살자

달래 냉이 씀바귀 쑥국보다
팔팔 뛰는 봄철 생선 식탁에 올리면
우리 몸 세포도 좋아서 팔팔해지려나?

생동하는 봄 싱그런 봄을
그림처럼 예쁘게 식탁 위에
마음껏 올려보고 싶다

꽃들의 향내 맡으려면
미리 미리 건강부터 챙겨야지

아침 이슬 2

이른 새벽
풀섶에 매달린
탱글탱글한 물방울
영롱한 진주빛 이슬

허무하고 짧은 인생인가
밤새 자랑하던 자태도
눈 깜박할 새
증발하여 사라지니

약과 단풍

뭐가 그리 바쁜지
노란 국화가 한창인
가을을 느낄 새도 없이

어려선 모르고 지낸 병원신세도
어지간히 지는 걸 보니
이젠 저물어가나 보다

새벽부터 피검사로 시작한 날
친구들과의 수다가 약이 되는 하루
지난 한 주 괴롭히던 고뿔도

꽃처럼 환해질
한 움큼의 알갱이들이 형형색색
마치 가을 단풍처럼 아름답다

여름나기

초봄부터 잃기 시작하는 입맛
왜 그런지 모르지만 해마다 겪는 일이라
유전인지 아들에서 손녀까지 이어진다

해마다 여름나기가 어려운 나
몸에 열이 너무 많아
겨울엔 장갑 없이도 잘 견디지만
여름나기는 너무 힘들다

얼음물로 식히고 여름 내내 콩국으로
배탈이 날 정도로
들이마셔도 안 되는 건 여전해
다이어트 한번 안 해도
여름엔 잘못 먹어서 저절로 빠지는 살

아직 중복도 안 지났는데
가을이 오려면 아직도 멀었는데
과일로 배를 채우니 힘도 없고
에어컨도 싫어

연꽃

겨우내 수줍은 듯 숨어 지내다
봄이 되면 푸르게 나오는 이파리
초여름 마구 자라는 동그란 잎새

동전만 한 크기부터 손바닥만 한 잎새
여름 되면 우산이 되기도 한다

팔색조처럼 화려한 꽃을 피우다
가을엔 열매로 연뿌리로 연잎밥까지
머리부터 발끝까지 다 바친다

마르면 연잎꽃차 씨앗은 당뇨약재로 쓰이고
연근은 맛난 음식으로 재탄생해
어느 하나 버릴 게 없다

온도 차이

긍정과 부정 온정과 냉정
사랑과 무관심
사이사이 쌓여 가는 감정들

그 모든 말에는
온도 차이가 있다

미움도 이해하다 보면 사랑으로
사랑은 또 권태로 변한다

차가 심할수록 마음은 불편하다
항상 적당한 조절이 필요하다

완연한 봄

꽃비가 내리고 메마른 가지 위
봄이 성큼 다가와 몽글몽글해진 움
멀리 보니 마치 철조망 같아 보여

튜립이 불쑥 키가 자라나고
군자란도 꽃대가 올라
주황 꽃이 활짝 피었네

이미 봄을 알리는데
아직도 겨울이라 우기네

어리석은 사람들
오며가며 보는 다양한 세상 변화
사계절을 가진 우리만의 혜택인가
봄 내음 맡으러 나가봐야지

수목원 잔디는 얼마나 파래졌을까
이맘때쯤 피어나던 노오란 영춘화
제자리 지키고 있겠지?

은하수

은하수 건너 또 다른 세상엔
누가 살고 있을까? 그땐 생각도 많았지
별이 총총하던 어린 시절
별빛이 흐르던 별 마당에 누워보던 하늘
백마 탄 동화 속 왕자도 그 속에 있을 거 같아
발 크기도 내려다보고 신데렐라가 되고 싶었다

탁해진 공기 어린애들 꿈마저 빼앗아간
서울하늘 쳐다보며 그땐 그랬지 하며
그 시절 그리워하여도 보이지 않는 은하수
떠나고 안 계신 울 부모 계신 곳
저편 어디메쯤인지?

창밖으로 보이는 잿빛 하늘엔
원망스럽게도 별 하나 찾을 수 없네
우리가 잘못했다고 말해야 하나?
어느 날 갑자기
시골로 데려가 보여줘야 하나?

이슬 1

진주처럼 영롱한 구슬이
새벽에 바라본 풀잎에
매달려 나를 유혹한다

물방울이 방울방울
금방이라도 떼구르르 흘러내릴 듯한
옥구슬도 되고 금구슬도 되어
시도 되고 노래가 되어 퍼진다

목걸이로 만든
투명한 진주 이슬방울
예쁜 우리 손녀 목에
걸어주면 어떨까

자연과 나

사람과 사람이 만나면
좋은 쪽만 보고 살 수도 없고
일방적으로 당하고만 살자니

켜켜이 쌓여만 가는 갈등
해소할 길 없는 스트레스
왜 이다지도 힘이 드는 걸까?

끝없는 바다 때론
산천초목도
숲 사이 지나는 싱그러운 바람도

내 마음을 달래주는데
왜 사람들은 내 마음을
몰라주는 걸까?

천둥번개와 소나기

우산장수를 자녀로 둔 어머니가 기쁘지만
또 다른 소금장수 아들 걱정하듯
시원한 소나기도 홍수피해를 본 이들에겐
때론 두려운 존재다
우주 삼라만상도 각자가 처한 상황마다
느낌이 다르다

여름철 시원한 소나기 내리기 전
나타나는 현상인 천둥번개
괜스레 두려움에 떨며 잘못한 건 없나
생각하던 때도 있었다

세상 종말에는 더 큰 현상으로
우릴 위협하겠다 싶기도 하다
장마가 끝나서 그런가?
마른장마라서 그런가 보다
시원한 빗줄기를 예상하다
요란한 천둥소리와 번개만 치다 말았다

춘설

매화꽃도 얼고
버들강아지 털모자도
차고 매서운 바람에 손가락도
떨어져 나갈 것 같은 날

봄은 오는데 겨울이 시샘하여
때 아닌 눈을 내리니
겨울로 되돌아가는 날

여인들 옷깃 사이로 스며든 칼바람
겨울옷은 아니고
봄옷을 걸치자니 어설프다

한강의 추억

매주 교회 갈 때마다 지나치는 곳
서울시민의 젖줄인 한강
해마다 여름이면
텐트치고 물놀이하며 지내던 광나루
고교동창생들과 이인용 자전거타고
하하 호호거리며 놀았다

애들 어릴 땐
윈드서핑도 시키곤 하던 천호대교 밑
요즘은 물이 맑아
참게도 잡고 낚시도 한다

갑자기 내린 비로 텐트치고 놀다
원숭이처럼 나무 위로 기어올라
고립된 사람들

철거하고 돌아와
뉴스보다 안도하며 가쁜 숨 내쉬고
감사하던 친정식구들

아직도 한강은 어머니 품속처럼
깊은 사연을 안겨주고 있다
모두가 추억 속으로 사라져가지만

수도 없이 많아 이름도 제각각
강북과 강남으로 가르는 한강다리
야경도 멋진 연인들의 놀이터

아름다운 운치 뒤로
낭만을 즐기는 사람들이 있다면
때론 생을 마감하고파 가는 이도

다리 난간마다 써 있는 글씨 보며
그 순간 사람들은 무슨 생각을 하는 걸까?
내가 도울 수 있는 건 또 무얼까?
어두운 모습부터 스쳐 지나간다

파도가 주는 의미

밀물처럼 왔다가
썰물처럼 떠나가는 파도

하얀 거품 입에 물고 성내는 파도
무섭게 달려들다가도
한 순간 사그라지는 모습

슬플 때가 있으면
기쁠 때도 있다고 말하는 거겠지
빛나는 태양 아래 떠오르는 파도가
우리 마음 대변하고 있는지도 몰라

제2부

울타리

걸림돌과 디딤돌

살다보면 겪게 되는 수많은 일들
한세상 살다가긴 마찬가지인데
좋은 일 앞장서진 못하더라도

누구에게든 방해가 되는
걸림돌은 되지 말아야지

나를 디딤돌로 딛고
성공하는 사람들이 많아지면
그 또한 얼마나 기쁜 일인가?

한 알의 밀알처럼 썩어
누군가 도울 수만 있다면
세상에 밑거름이 되고 싶다

기다림의 미학

아가들이 배고파 엄마를 찾는다면
유아기 아이들은
혼자 남는 불안감에 부모를 찾고

청소년기부터는 친구를 좋아하며
더 크면 연인을 찾아 나선다
수많은 세월을 방황하고 있다

나이 들면 부모라는 이름으로
자식 사랑하는 마음 하나 갖고 산다

저마다 찾는 대상도 생각도 다르지만
새 희망도 솟구치고
기다림의 연속인 거 같아
희생과 철학도 들어 있어서
끊임없는 기다림은 꾸준한 사랑을 받는다

나눔의 행복

채우려 애씀보다는
비우는 게 나으니라

간단한 이치를 깨닫기까지 힘들고
어려운 시간이 걸렸다

받으려 하기보다는
나누어 주는 게 행복하다

바라는 게 많으면
잃는 것도 많더라

용서와 사랑 나눔 하다 보니
부메랑 되어 돌아오는 행복
물질보다는 사람의 마음을 얻자

당신을 만난 건 행운이야

그까짓 자존심 지키는 게 뭐라고
여전히 줄다리기 하고 있으니!

본마음은 아닌데 세 치 혀로
서로 아프게 하게 되는 건
무슨 이유일까?

평생을 아옹다옹 하다가도
당신을 만난 건 행운이야!
그 말 한마디면 될 것을

남은 날도 얼마 없는데
언제까지 서로 이기려고
애쓰고 상처 내나

자녀들 착하고 손주들 재롱 보니
이보다 더 행복한 게 없지 않은가

됨됨이

가정이나 공공장소나
사람은 갖춰야할
예의가 있는 법

동물과 인간이 다른데
때론 사람이 동물보다 못하다
알고도 모른 척 하지마라

이해가 안 되는 행동을 하는
이의 마음과 뇌 속엔
과연 무엇이 들어있나

선을 악으로 갚는 마음도
편하진 않을 것
생각하면 한편 불쌍한 생각도 들지만

인내심도 유효기간이 있나
분노가 치밀어 오른다

사랑하는 마음으로 지내라는
성인의 말씀이 가슴을 때리는 아침

반성의 시간 명상을 해봐도
겹겹이 쌓여가는 분노의 찌꺼기
신이 아닌 이상 견뎌내기 어렵네

미치고 싶은 날

사는 게 힘들다 생각 안하려고
육체적 고통보다 더 힘든 정신세계
한껏 돌아버리고 나면 편해지겠지

헛헛한 웃음 뒤엔 뭐가 남을까
오랜만에 터진 눈물이 홍수가 된다

무던히 노력하고 지낸 세월
미쳐보고 싶은 어느 날
내겐 그런 자유조차 안 주시네

바람이 주는 맛

살랑살랑 봄바람엔
치맛자락 펄럭이고
여자 마음 설레지만

선선한 가을바람에 낙엽 떨어지면
남자 마음 스산하다

만물이 생동하는 봄이 좋을까
단풍잎이 아름다운 가을이 더 멋질까

사람마다 다르겠지만 봄엔 싱숭생숭하고
가을엔 왠지 서글퍼진다

봄은 봄대로 가을은 가을대로
바람이 주는 맛 계절 따라 다르니
이쯤 되면 자연을 떠나 살 수 있을까

변화하는 삶

기쁨 슬픔 희망 외로움
좌절감 뒤에 오는 절망
매 순간 다른 느낌이 들 듯
다양한 느낌 하루에 든다

변화 많은 기후처럼
기분 따라 달라지는 사람들 마음인 듯
이해관계로 다양하게 얽힌다

하루에도 수만 번 느끼는 감정을
눈에 보일 듯 말 듯
삶에 안개처럼 스며든다

부족한 나

오늘도 영글지 못한
쭉정이 행동을 한 나
스스로에게 묻는 반성의 시간

고개 숙인 벼처럼 왜 좀 더
겸손하지 못했는지
한없이 자신을 원망해본다

어떤 일을 겪어도 참고 지내야지
아직도 성숙하지 못한 탓이려나?
머리는 되는데
가슴이 말을 안 듣네

실패의 연속이지만
머지않아 곡식처럼 철드는 날도 오겠지

부지런한 일개미

병원 뒷산 자락 오르다
눈에 띄는 낡은 운동기구 아래
까만 물체가 바글바글

싫어하던 운동이지만
까만 물체 때문에도 하기 싫은 운동
벌레라면 깜짝깜짝 놀라 자빠지니
유독 내 눈에만 뜨이나 보다

조금만 아파도 포기하는
사람들에 비해 비가 오나 눈이 오나
쉬지 않고 일하는 개미들 행렬보고
인간은 아직도 많이 부족하다

서늘한 가을바람 부니 선선해진 날씨에
운동도 하고 개미집도 찾고
부지런히 살아야겠다

사는 게 뭔지

하고픈 일도 마음속으로 그려보곤
잡힐 듯 잡히지 않는
미지의 세계 속을 헤매인다

머릿속은 온통 수세미 되어 꿈꾸듯
상상의 세계로 빠져
날마다 잠 못 드는 이유는 뭘까?

그래도 난 주어진 하루하루
잠 안 오는 숱한 밤
시를 쓰며 살련다

사랑의 계절

사랑의 계절에 한창인 라일락
오종종한 싸리꽃도 환히 웃는다

철쭉꽃이 앞다투며 피기 전
나도 꽃이랍니다
발길 닿는 곳마다
온통 꽃으로 뒤덮인 산야

라일락인 줄 착각하던 조팝나무가
훈풍 속에 피는 싸리꽃이라네

거실 한편 노란 프리지어
향기 짙은 한 다발
내 마음도 사랑도 한가득

삶

삶이 아무리 어려워도 죽음의 두려움
앞에선 나약해지는 우리
어차피 똑같은 삶의 여정을 가야 한다면
동분서주한 세상일 훌훌 털어내고
밝은 마음 가지고 살자

삶과 죽음의 갈림길에서 선택하려면
누구나 선택하게 되는 삶
저승보다는 이승이 낫다는 말도 있지 않은가?

더 많이 알아야 하고 보고도 싶은 세상이라
여행이라도 떠나면 좋으련만
나를 필요로 하는 이들이 많이 기다리고
아직 해야 할 일들도 남아
있으니 좀 더 열심히 살자

삶의 한가운데 서서

무엇을 위해 달려오며
누구를 위해 살아왔는지
지나간 내 삶을 회상해본다

왜 그리도 바쁘게 살아왔는지
과연 이루어 놓은 건 무얼까?
잘 살아온 걸까?

삶의 한가운데 서서 돌아보니
온통 의문투성이일 뿐
잠 안 오는 밤엔 유독 심하다

감기 핑계로 아무 생각 없이 쉬다보니
나태해진 내 일상이 심각하구나

적당히 이젠 일어나 움직여야지
모든 게 싫어진 원인을 찾아내야지
밝은 내일 날을 위해 털고 웃어보자

상황판단

어제 슬펐던 일도 자고나면
아무 일도 아니듯

똑같은 한세상 살아가지만
어떤 이는 즐겁다 하고
또 다른 이는 괴롭다 하네

세상사 불공평하다 하지만
모든 건 생각하기 나름이다

그때그때 상황판단을 잘해야
승패가 판가름 나는 것
자기 처한 상황 따라
생각을 달리 하기 때문이다

긍정적인 사고방식으로 견디어 내면
반드시 좋은 날은 오고야 만다

새로운 가족

엄마, 아빠 따라 가족으로 다가온
아기 물고기 두 마리
거실 습도 조절 겸 화초만 담그다
눈요기가 되고
새로운 취미를 만들어준 구피가족

까만 두 개의 점이 있는 주황색 꼬리가
화려함의 극치인 아빠와
곧 새끼를 날듯이 배가 볼록한 어미
생동감이 넘치고 활기찬 하루

주인 없는 새 적응 못한 일가족 네 마리
물 밖 세상 구경 나와 하루 만에
건조한 거실 바닥 잔멸치 되어
빈 어항만 덩그러니 남아있네

어미 뱃속 알들은 빛도 못 본 채 사라져
충격으로 놀란 가슴
우울해져 갈 즈음
아침마다 정성껏 먹이주고
행여 다칠세라 우리 어항만 들여다보는
구피는 알을 낳지 않고
새끼를 낳습니다

새로운 가족 여섯 마리
활기차게 헤엄치는 모습
하루하루 달라지는 크기

차가운 물속에서도 쫓고 쫓기는
따듯한 사랑 잃지 않는 작은 물고기
온종일 보아도 질리지가 않아
살피다 어느새 새로운 취미 가지게 되었네

선물

언제, 어디서든 가릴 게 없이
누구나 받으면 기분 좋아지는 것
주고받을 땐 물질의 크기나 양보다
마음의 크기가 중요하다

누군가 나를 생각해 준다는 것보다
항시 나를 기억하고 있다는 것에
의미를 두고 싶다

선물은 받는 것이 좋지만
더 즐거운 것은 선물을 주는 거라는데

작은 성의 표시라 할지라도
비록 따뜻한 한마디 말일지라도
설익은 탓인지 아직은 받는 게 더 좋으니

나는 언제쯤 성숙해질까
그런 날이 내게도 오겠지

세상만사

쇠도 가만히 놔두면 녹슬고
물도 고여 있으면 썩듯이
생각하고 글도 쓰고 노래 부르면서

뇌도 자주 회전시켜
세상만사 움직여야
건강해진다네

자연환경도 잘 활용만 하면 도움 되지만
마구 훼손하면
우리 미래는 어두워진다

쉬운 이치지만 깨닫지 않으면
모르고 지나가는구나

울타리

때론 성격 차이로 대립하고
팽팽한 줄다리기로 맞서지만
뒤돌아서면 아무 일도 없던 것처럼
항상 버팀목이 되어주는 울타리

좋은 인연 나쁜 인연 해도
있을 때가 좋은 거 같다
어쨌든 없는 것보다는
있는 게 나은 울타리

집안의 화목도 이룰 수 있는
그 울타리는 누가 쳐주나?

의구심

나는 왜 태어나게 된 걸까?
어떤 일을 하고
어디서 어떻게 사는 게 좋은 걸까?
누구나 수없는 의문을 달고 산다

한번 왔다 가는 삶
더불어 살아가는 삶이라야
나만 위해 사는 것보다
의미도 있고 보람찬 게 아닌가?

조약돌 인생

파도가 만들어낸 조약돌 같이
살다보면 부대끼는 우리네 인생

그 안에 담긴 희로애락의 크기
자로 재보면 누가 더 클까

수억 광년의 시간을 거친 큰 바위의
희생 끝에 탄생된 조약

모습은 예쁘지만
살을 깎는 아픔도 숨어 있었네

백년도 못사는데
왜 그리도 못나게 구는지

어차피 흘러가는 세월
조약돌처럼 무던하게 살아가야지

추억 하나
— 고드름

간식거리 귀하던 어린 시절
처마 밑에 매달리던 수정 고드름은
다 어디로 사라진 걸까?
먹기는커녕 구경조차 어렵네

한 움큼 베어 물면
얼얼하고 아자작 씹히는 시원한 맛
성냥갑 같은 현대식 건물에 밀려
사라져버린 아이들의 순수한 장난감

공해로 이런 낭만조차 즐길 수 없는
요즘 애들 어찌 보면 불쌍하다

우린 추억이 사라지고
아이들은 순수한 꿈마저 사라져 버렸다
비위생적이라며 펄쩍뛰는 요즘
온갖 질병 달고 산다

품앗이

농사일이나 김장 일을 도울 때
서로의 힘 보태 남을 돕는다는
우리의 맛과 멋이 숨어 있는 말

이웃 사랑하는 마음 하나로
그리 큰 돈 드는 일도 아니고
예서제서 모여 오순도순 나누는
정담 속엔 자식 자랑 손주 사랑
손끝마다 맛이 달라지는 김장 맛

품앗이가 만들어낸 훈훈한 김치는
이집 저집 재료와 손맛은 달라도
날씨 따라 익어가는 오묘한
맛은 천하일품

해마다 이어지는 우리의 전통
세계인이 부러워하는 일등 먹거리

한마당

피땀 흘려 가꾼 토종 먹거리
사방팔방 팔도에서 모여든
주부 식재료 모두 눈요기

각자가 뽐내는
총천연색 맛
온 동네가 한마당

농부들 땀방울이 모여 맺은 열매
얻은 기쁨
피나는 노력과 인내의 시간이
열매 하나하나까지
가져다주는 화합의 장

허상

새벽에 떠오른 시상 날려 보내고
허무한 기분 머리만 짓이긴다
멀찌감치 달아난 생각은 돌아오질 않아
되살리려 애써 봐도 되질 않아
제목만이라도 써놓을 걸
뒤늦게 후회해도 아무 소용없네
매번 놓치고 마는 예쁜 시상이
반복되는 일상인데 게으른 탓에
순식간에 허상이 되고 만다
언제나 게으른 습관을 버리려나?

제3부

장독대

간 보기

간 본다는 말은 두 가지가 있다
좋거나 나쁜 의미로 쓰이는 말
세상이 험악해져서일까?
습관처럼 굳어진 사고방식 때문일까?

하지만 때로는 어쩔 수 없이 싫어도
해야 하는 간 보기의 필요성

음식 할 때 필수적으로 하는 간 보기
잘하나 못하나에 따라 맛은 천차만별

친한 친구끼리 우정을
연인과 부부사이 사랑과 정을
의심하며 간보기를 한다면 이건 최악이다

옳고 그름 판단할 때는 모르지만
사람 대할 때 쓰이는 간 보기는
그다지 좋은 건 아닌 듯싶다

갈채

누구나 한 번쯤은
성공해 축하받고
박수를 받고 싶은 게 사실

이름이라도 세상에 남기고 싶지만
어려운 바람일 뿐

세상에 태어나 흔적만이라도
남겨놓고 가면 좋으련만
그것 또한 욕심이고

쉬운 일은 아닐 듯싶은데
모든 일에 최선을 다하다 보면
갈채 받는 순간이 생기려나?

원한다고 되는 것도 아닌데
그래도 늘 우리는 꿈꾸며 산다
비록 어려울지라도

거미줄

한동안 막아놓은 보라매 뒷산 자락
거미줄이 이곳저곳 집을 지었네
호랑이 없는 굴엔 토끼가 왕이듯
올여름 모기나 날파리는
거미들이 다 해결해주겠구나

오랜만에 오른 뒷산 길엔
산새 소리가 나를 반겨주네
소곤소곤 대화하는 사람들 틈
찌륵 찌르르

초록색 옷 갈아입고
초여름을 알리려는 듯
한들한들 춤추며 앞장서네

없애버린다는 안내 표지판
목에 건 굴참나무가 안쓰러워
해결 못해주는 나 자신이 미워
거미줄에 옥죄이는 마음으로
한참을 눈길만 주다 돌아왔네

구절초

붉게 물든 단풍 색에 어울리는
짙은 향에 쳐다본 구절초
하얀 꽃잎은 흰 나비 나풀나풀
한 움큼 가져오다

호명산을 품은 내 마음
국화보다 짙은 구절초 향
가려던 구룡폭포는 아니어도
멋진 호명산 단풍에 빠지다

* 호평호수 : 경기도 가평군 청평면 위치한 호수.

끼어들기

줄서서 차례 지키기는 잘하면서
오지랖이 넓다보니 본의 아니게
옳고 그름 판가름하는
남의 일에 눈을 돌리는 것도 병인가?

타의든 아니든 저절로 나도 모르게
끼어들어 상관없이 작동되니
매번 마음 다잡기를 해보지만
때론 불이익이 따르는 때가 많네

나대지 말자 다짐하지만
마음대로 안 되니 생각을 말아야 할지
눈을 감아야 할지
나약한 내 마음 결정조차 못하네

그런 사랑

나에게 사랑이 오면
너에게도 사랑이 오고
사랑이 넘치는
살맛나는 세상
아아 그런 사랑

주기만 하는 사랑 말고
받기만 하는 사랑 말고
서로 주고받는 영원한 사랑
아아 그런 사랑

사람답게 사랑하며 살고
사람답게 사랑하며 놀고
아아 그런 사랑

길에서 배운 이치

나른해지려는 오후에 찾은 낙성대
아장아장 걸음마하는 손녀 보러
천리 길 마다않고 달려간 길

“애들아– 여기 아가 있네”
“아기야– 여기 멍멍이 있네”
동물 구경하는 아가가 어떤 이들에겐
또 하나의 구경거리

세상 이치도 다 이러하겠지?
하나의 사실이 가진 양면성
또 하나 알게 된 길에서 배운 이치

“꼬끼오” 하는 소리에 놀라는 아가
대낮에 웬 닭 우는 소리냐며
볼멘소리 하고 보니

그림책만 보고 배운 아가에겐
좋은 현장실습도 되는구나

낙엽

빗소리에 놀라 멀찌감치 달아난 잎새들
촉촉이 젖은 모습과 느낌이 참 좋다
파주 마장호수로 하루라도 더 보려고
빗속에 여행을 했다

단풍구경하기 바빠 세월 가는 줄 몰랐는데
어느새 떨어져 뒹구는 낙엽들
하루 종일 깔깔거리며 웃다보니
어느새 아침에 떠났던 제자리
동행한 사람들의 마음이 맞다보니
하루가 왜 이리도 짧은 걸까?

위드 코로나로 거리두기가 풀리고
가을비까지 내리니 분위기는 최고
벌레 난 구멍이 있는 낙엽이
더 예쁜 걸 어쩌라구요?
오늘도 주머니엔 단풍잎 한 움큼

독버섯

나라꽃만큼이나 화려한 독버섯
한 순간 착각하면 생명의 위협도 받는다

비온 뒤 공원 걷다 보니
주황색 갈아입은 바위가 즐비해

식물이야 피하고 안 먹으면 그만이나
인간도 독버섯이 존재해 피하기도 힘드네

살면서 누군가에게
피해가 되지 않도록 노력해야겠다

매미와 귀뚜라미

매에에에 맴 맴 맴 맴
누굴 그리도 부르는 걸까?
일 년 내 고생해서 탄생하는 매미
일주일도 못 살고 끝나는 삶

창문 모기 망에 애처로이 달라붙어
하루가 아쉬워 슬피 우는 모습
철모르는 손주들 어서 잡아달라며
잠자리채 휘두르며 좋아라 날뛰네

매미가 울기 시작하면
막바지 더위가 기승부리지만
밤엔 벌써 시원한 바람이 불기 시작

낮엔 매미가 밤엔 귀뚜라미가
연주하는 초가을
매에에에 맴 맴 귀뚤 귀뚜르르
올 가을엔 단풍구경 갈 수 있으려나?
코로나가 원망스럽네

비누 한 장

지저분한 건 다 깨끗하게 하고
때론 아이들 장난감도 되는 비눗방울
비누가 사람보다 낫다

왜 그럴까? 사람이 못하다니
서로 잘난 체하지 말고 겸손하게
나를 낮추고 마음을 텅 비우고
살 순 없는 걸까?

왜 그리도 못났을까?
속마음까지 씻어내는
비누는 없으려나?

새 달력

아랫니 한 개 하얗게
처음 솟아난 친손녀 보다가
잃어버린 내 어금니 한 개 허전함

상실의 아픔을 느끼며
수년간 빠진 이 모은 통을
외손주가 자랑스레 내밀 때만 해도
못 느끼던 감정이 밀물처럼 다가오네

나이 한 살 더 먹으면 커지는 줄 알고
새 달력 받아 좋아라 날뛰던
어린 시절도 있었건만

거저 주는 새 달력도
이 나이되고 보니 왠지 씁쓸해진다
때에 따라 제각각 다르게 느껴지는
무심코 받아든 새 달력 하나

아가 얼굴

이리 봐도 내 사랑
저리 봐도 내 사랑
눈만 마주쳐도 까르르 웃는
아가 눈 속엔
나도 있고 내 사랑도 보이네

방울방울 빛나는 눈망울은
영롱한 진주이슬
새하얀 피부는 부드러운 크림
사르르 녹아내리네

어버이 날

효도하려 꽃바구니 만들어온 애들 보며
이젠 옆에 안 계신 부모님 생각에
어릴 적 추억 속으로 빠져드는 나
왜 자꾸 어린 애가 되고 싶어지는 걸까

철없는 막내 짓 많이 하고
효도가 무언지 깨닫기도 전
사라진 부모님

그 깊고 넓은 사랑 갚을 길 없어라
가슴 아프게 찾아봐도 소용없어

열리지 않는 호박

온갖 채소와 곁들인 노란 호박꽃
가족 사랑하는 마음에 일군 텃밭
예뻐서 달려간 그곳엔

오고 가는 인파속 시달린 호박꽃
주인의 애타는 마음 아랑곳하지 않고
마구 따가는 호박잎
애써 가꾼 텃밭에 열리지 않는 호박

예쁜 말 한마디에 호박잎 한 아름과
들깻잎까지 따주신 아주머니 인심
팥빵 한 개로 답하며 돌아오는 길
그 마음 가득 아는 할머니께 다시 전달

너무 좋아하는 할머니 맛나게 드시고
땀 흘리며 일하는 아주머니
환한 모습이 눈에 어린다

하루 종일 훈훈한 정이 오고가니
덩달아 하루가 기쁘고 좋아라

장독대

예부터 대를 이어 온 항아리가
내노라 뽐내는 장독대 오가며

일 년 농사로 저마다
맛낸 먹거리 자랑하던
항아리가 즐비하던 곳

추우나 더우나 반짝반짝 광내던
부지런한 우리 어머님들

해가 잘 드는 곳에 두어야 하고
손맛 따라 장맛도 달라지니
크기 따라 쓰이는 용도도 달라
커지는 장독대 크기

매일 아침 광내게 닦으며
힘들다 투덜대던 날이
추억이 된 지 오래

항아리가 많아야 부자소리 듣던
시절은 온데간데없는 지금

세상 좋아져 살 만해도
어머니 손맛도 함께 사라지니 아쉽네

이젠 인테리어로 남은 항아리들
그 속엔 어머님 모습도 보이네

아지랑이

봄 향기 가득 채운 햇살 받아
아른아른 거리는 기운

눈부신 햇살 아래
자연에 도취된 내 눈엔
무언가 보인다

눈을 떠도 보이고
감아도 생각나는
무언가가 분명 있다

잡으려 해도 잡히진 않지만
꼬물꼬물 움직이는 모습

봄이 오는 소리도 들리고
봄이 오는 모습인가 싶은데
신록은 벌써 초여름 알리려 하네

내 눈에만 보이는 건 아니겠지
한낮에 살짝 보이다 사라지지만
그 여운 길게 남아 있네

그 이름 알고 보니 아지랑이

오미자

다섯 가지 맛이 난다는
새콤달콤 씁쓰레하고
떫디떫은 그 열매

해마다 초가을이면
예쁜 모습에 한번 반하고
오묘한 향기의 멋에 취해
맞이할 준비한다

석 달 열흘
기다림의 미학을 가진 자만이
누릴 수 있는 혜택

새하얀 설탕과 만나면
단풍 색 멋진 음료
외손주 녀석들 좋아하는
주스로 손색이 없어

버릴 게 하나도 없는
작은 알갱이의 위력과
만만찮은 가격에 또 한 번 놀란다

재와 불꽃

타는 불꽃이 아름다운 데 비해
타고난 재는 포근히 감싸주는
어머니 손길처럼 부드러우니

모습이야 별거 아니라지만
한창 때 겉모습만 보고
누가 열정이라 하는가

꺼져가는 잿더미 속
구워진 밤과 고구마
찾아내면 느껴지는 열기

화려함 뒤에 숨은 재
남은 열정은 빛을 발하네
우리가 지내온 인생처럼

제라늄과 사랑초

강렬한 발광색의 꼿꼿한 자태
수줍은 듯 여리고 희미한 분홍꽃
거실 창문 앞 햇살 받은 두 화분

여린 모습으로 내노라 자랑하는 제라늄
꺾꽂이해서 심으면 잘도 견디는 사랑초
또 하나의 새로운 화분이 되는
질긴 운명 제라늄

강한 듯해도 한순간 사그라지고
독한 향기가 벌레도 쫓는다지
갸날퍼 보이려 사라진 듯하다가도
살며시 얼굴 내미는 끈질긴 사랑초

강해도 별거 없이 약해 보여도 강한
두 이미지가 나를 일깨우는 아침
두 화초의 대비된 삶의 모습을 보며
사랑초처럼 한 수 배워 다시 태어나련다

지친 어느 출근길

짐짝처럼 밀어 넣는 지하철 안
활기차게 시작하는 사람들은
하루가 즐겁다
뒤늦게 시작한 일이 진전이 없는 요즘
즐겁게 해야지 싶다가도 허물어져 가는
내 마음 추스를 길이 없다

유독 나만은 우울한 것 같다
나를 위해 도와준 고객들 생각하며
다시금 희망의 날개를 펼쳐보리라

나 스스로 선택한 일이니
사는 게 다 그렇겠지 하며
오늘도 나 자신을 위로하며 살아간다

첫눈 내리는 날

첫눈 내리면 만나자고 약속하지만
과연 누굴 위해 내리나?
아이들 놀이터 하라고 쌓이나?

내 마음 엿보고 달래주려 내리나?
속 모르는 강아지 좋아라 날뛰고
창문 넘어 눈꽃은 나오라 부르네

첫눈은 회색빛 하늘처럼 푹 가라앉은
서로의 아픈 마음 포근한 마음으로
감싸주려 내리는 걸 거야

상추쌈

봄에 요즘 텃밭엔
쑥갓, 상추, 겨자잎, 신선초, 양상추
온갖 종류의 채소들이 뽐낸다

본인은 먹지도 않으면서
부모 생각해 심었다는 고수잎까지
집에서 기른 모종이 어느새 자라
바람에 춤을 추듯 마구 흔들린다

매큼한 겨자잎, 쌉싸름한 민들레
상큼한 양상추, 향기로운 쑥갓
자주색 파란색 서로 예쁘다 겨루는
맛좋은 상추쌈, 아이들 인상 쓰는 고수까지

직접 수확해 한가득 뜯어온
각종 상추쌈을 맛보니 입맛도 살아나고
삼겹살과 함께 구운 마늘과 양파
고추와 된장이 만나니 진수성찬
마음도 흐뭇해지고 밥상 한가득 푸짐하네

텃밭

사라져가는 건강 챙기려
밭 만들기 시작하는 딸
덩달아 텃밭이 생긴 기분

코로나로 외출 한번 못하다
바깥바람 쏘이는 외손주들

이제 모종 심은 사진 보며
수확하는 장면 연상하니
웃음이 절로 나네

어느새 한 계절 뛰어 넘어
콧바람 쐬는 성급한 나

바람에 흔들리는 상추랑
각종 모종들이 아른거리는
방안에서 그려보는 텃밭

취나물과 쑥떡

용문산 취나물이 유명하다기에
동네방네 소문내고 떠난 길
신바람 나 친구 따라 나선 나들이

생각보다 못 미친 양이라 포기하고
큰 양파망 두 개 가득 쑥으로 채웠지만

허리 아프게 가져온 보람도 없이
쑥떡 두 말 나누어 주다보니 모자라
받는 이들은 그리 달갑지 않은 표정

태어나 처음 딴 쑥이 신기해 정을 나누려
시작한 일이 커져버려
괜스레 말부터 시작한 게 후회되었네

제4부

봄이 오는 소리

기찻길 수목원

주변은 어느새 파릇파릇 봄이 오고 있는데
북을 향한 아쉬움 토로하는 끊어진 철도
바로 옆 의자에 앉은 노부부는
어린애처럼 발을 동동 구르고
오늘은 벌거벗은 나무 가지 사이로

자유롭게 나르는 까치들처럼
지난해 친구들과 쑥 캐러 왔던 곳
환한 웃음으로 봄 맞을 준비를 해야지
언제나 다시 이 기찻길은 이어지려는지
통일의 그날을 기대하고
움트는 파란 싹을 바라보며
우리 손주 얼굴 그려본다

까꿍 까꿍

우리 손녀 손가락으로
까꿍 하는 모습 속 세상은 잘 보이려나?

아기들 눈으로 보는 세상은 좀 다르려나?
아가 따라 손가락 사이로 보는
세상도 나도 별거 아니니

내 마음을 비워내면 다르게 보일까?
여러 번 가려야 깨끗한 세상 된다면
수만 번이라도 까꿍 하고 싶네

나무에 입힌 옷

추운 날씨에 헐벗어 떨고 있는 가로수
누군가 발견하고 정성 가득한
뜨개질로 예쁜 옷 입혀주었네

주인공은 누굴까? 궁금해진다
사람들만 추운 건 아닐 듯한데
왜 나는 그런 생각을 미처 못했나?
일부 장소에만 입혀진 나무 옷

솜씨는 없어도 동참해 보고 싶어지네
무지개색 화려함으로 재탄생한 나무들
보기도 좋지만 마음도 훈훈해

내 몸의 소중함

출퇴근길 지하철 안 풍경
누구하나 양보할 마음 없는데

눈치 없이 내 마음은
조금만 서서 가도 되는걸
빈자리 찾느라 설레발친다

건강할 땐 모르던 내 몸
어느 것 하나 귀하지 않은 게 없다
한 때는 날다람쥐모양 잘 타던 산도
발바닥 염증으로 하산하다 보니

그림의 떡 되어버린 멋진 산 풍경
발바닥이 이리도 중요할 줄이야

노을이 보이는 창가

거실 창문으로 내다보이는 저녁노을
멋진 추억의 장 넘겨본다

서울 하늘 아래 멋진 풍경
잠시지만 볼 수 있다니
빌딩숲 사이로 떨어지는 노을은
여행 풍경과는 달랐지만
추억 속을 거닐게 한다

63빌딩을 배경으로
휘황찬란한 노을과 구름
바닷가를 연상하네

불꽃놀이 때마다 보던 63빌딩과는
차원이 다르다
아파트로 이사와 삭막하던
마음까지도 한 번에 사그라지네

나만 바라보는 노을은 아니었으면
장관이 사라진 후
잠시 여운을 즐기려 눈을 감는다

누군가 기다리며

기다림은 기쁘다지만
때로는 우울하고 슬프기도 하다
기다림은 설레지만
그리움과 불안함을 함께 가진다

기다릴 사람이 없는 것보다는
헤어져서라도 만남을 기억하는
누군가 함께한 순간이 있어 좋다

밝은 얼굴로 누군가 기다릴 땐
긍정적인 에너지가 마구 솟아나고
대화하는 자체가 그저 즐거우니까
새로운 기대감으로 내일을 맞이한다

목도리

각자 다르게 만들고
만든 재료는 다를 지라도

목을 따뜻하게 만들어
온몸을 녹여주는 쓰임새

예쁜 색깔 수만큼 다양한 모습으로
마음과 마음을 하나로 이어주네

봄이 오는 소리

매섭게 부는 칼바람
속 외투 깃 세운 사람들
누구보다 먼저 타들어 가는 열정
내보이고 싶어 나온 붉은 설중매

벌써 입춘이라는데 눈이 펑펑 내리니
아직도 봄은 오기 싫은가 보다

뚝 둑 뚜욱뚝
처마 밑 고드름 녹아내리는 소리

타닥 타닥 토옥 톡
바싹 마른 가지 위 움트는 봉오리

조올졸 졸 졸 졸
얼음장 밑 녹아내리는 물소리

쏘옥 쏘옥 쏙 쏙
귀 기울여야 알 수 있는 소리들

누구나 느낄 수 있는 건 아닌 듯
자세히 보아야 보이는 이른 봄
무심코 지나치는 사람들 틈
까치들이 먼저 즐기고 있구나

군데군데 솟아오르는 파란 새싹
짓밟혀도 결코 죽지 않는 잡초들
강인한 생명력 본받고 싶다

빈 수레

빈 수레가 요란하다는
속담이 생각나는 요즘

누군가에게 혹시 이런 모습으로
비추인 건 아니었을까
내안에 들보는 못 보면서
남을 비난하는 건 아닌지

배려의 겸손을 배우면
실천을 해야 하는데
매일매일이 염려의 연속이다

빈 의자

공원이나 수목원 또는 정류장에
군데군데 놓여있는 빈 의자
먼저 앉은 사람이 주인이라
차례를 기다려야 한다

날마다 주인이 바뀌더라도
싫증 한 번 안 내고 반겨주고
마음 착한 사람이나 와야
겨우 깨끗하게 닦아주네

화가 난다고 투덜대며 때리더라도
다소곳이 참는 모습 애처롭고
때로는 할퀴고 상처내지만
변함없이 우리를 반겨주네

힘들고 피곤하면 쉬어가라고
잠시나마 정을 나눠 보라고
기다리는 동안 책이라도 보라고

말없이 희생하는 빈 의자들
나날이 값진 사랑이 쌓여만 간다

산란한 내 마음

떠나는 구름처럼 바람처럼
흐르는 물처럼 세월처럼
계절 따라 시간 따라 기분 따라
수시로 변하는 사람마음

하루에도 천만 번 요동치는 마음
도대체 다들 왜 그러는 것일까?
다잡으려 해도 붕붕 떠다니며
내 마음대로 안 되는 걸 어찌하리오

얼마나 수양을 해야 하나?
옛 성인들은 또 어떠했을까?
저마다 모래알보다
작고 수많은 사연들 안고 사는 것을

산을 껴안은 구름

거리두기로 따로따로 얻은 숙소
소백산 휴양림 정상에 위치한 팬션
날씨 탓인지 으스스하기까지
산신령이라도 내려올 듯한 오묘한 기분

하이얀 안개가 내려앉은 산자락
산허리를 휘감듯 껴안은 구름
어린애 되어 타본 패러글라이딩처럼
하늘 나는 새가 되어
만천하가 내 아래 존재하는 듯
붕붕 떠다닌다

산 정상 올라보니 구름도 발아래라
세상 두렵고 부러운 게 없어라
올려다보기만 하다 내려다보는
세상은 마치 꿈꾸는 것 같아라

승강장 숫자

아침에 출근할 때, 나들이 갈 때
친구랑 만날 때조차도

정겨운 숫자 2-4
별일 없는 한 항상 그 자리

날마다 즐겨보고 있는 숫자
그 자리엔 추억도 많다

환승하기도 좋고
기억하기도 좋아

어느새 내 마음속에도
7호선 생긴 뒤로 즐겨 자리 잡았네

시와 함께라면

나를 표현하는 쑥스러움과 부끄러움을 버려야
시도 쓰게 된다
시를 쓰면 내안에 점점 빠져든다
때론 환희를 느끼고 뿌듯해진다

시가 주는 새로운 희망도 있고
괴로움도 녹아버린다
희로애락과 여러 가지 번민이 함께해
짜증도 나곤하지만 시와 함께라면
인생의 파노라마가 펼쳐져서 좋다

시를 접하면 마음의 평안이 온다
나 혼자만의 딴 세상이 펼쳐진다
일기장 대신도 되고 다양한 경험이 들어있어
재산목록도 될 수 있다

평생 쌓여진 경험들이 표출될 때마다
상쾌한 기분이 든다
나로 인해 더불어 가는 인생길
기쁠 때도 있고 슬플 때도 있다

시청 앞 현판

시청 앞 현판에 쓰여진 글
"괜찮아 다시 그려보자
하늘이 내려준 하얀 도화지 위에"를 보고
감동한 날 마음이 심쿵

코로나로 엉망 된 세상
눈이 하얗게 내린 도화지에
다시 그려 보자네

시커먼 속내 지워버리고
밝은 세상 새로 시작하자네

우리말의 묘미 1

쌀국수, 무생채 속
풍미를 더해주는 고수

음악, 미술, 춤사위의 예술성을 지닌
최고의 사람을 일컫는 고수

젊음의 상징이다 싶은 게임 속
주인공을 말하는 고수

이렇듯 우리말의 광대한 범위 속
두 글자라는 겉모습은 같아도

다양한 의미를 띠는 말의 묘미
쓰이는 용도가 다른 자랑스러운 우리말
고수를 아시나요

시인들이 문학의 고수가 아닐까

우리말의 묘미 2

우리말은 한평생 살고도
아직 배울 게 많다

언제나 색다른 묘미가
밤하늘에 헤아릴 수 없는 별만큼
많은 어휘 쉬운 듯해도 어렵다

피로와 피곤의 차이
피로가 쌓이면 피곤해지는 것
순수와 순진이나
시와 시조가 다르듯
한자어에서 비롯한 말들이
많은 이유는 뭘까?

이 땅에 태어나 모국어가 어렵다니
글 쓰는 나 자신이 부끄럽기만 하다

웃음과 미소

모두를 행복하게
마음으로부터 우러나오는
진실된 웃음이래야
그 모습도 천사 같다

바라보는 사람도 웃게 만드는
싱싱한 꽃망울이나
웃는 모습이 예쁘다지만
모나리자의 미소 속엔
신비롭고 고상함이 엿보인다

아름다워지려고 가식적이거나
어이없어 나오는 헛웃음
가슴시린 썩은 미소보단

화나는 일, 조롱당하는 일
시빗거리조차도 모두 미소로
답할 수 있다면
환한 웃음보다 못할 이유가 없다

음악이 주는 감동

어릴 땐 라디오대로 따라 부르다
팝송가사와 곡에 밤새도록 흥얼거리고

가요와 트롯감성에 빠져 흐느꼈지만
화음을 알고부터 가곡이 좋아
클래식, 오페라까지 즐기니
장르마다 다 다르게 느껴지네

애절하게 가슴 울리는 노래가 좋더니
가슴 차분하게 만드는 노래가
평안, 기쁨, 위로, 치유가 넘쳐 더 좋아지네

그 속엔 시적인 노랫말이 들어 있어
색다른 감흥을 맛보게 하네
연주면 연주 노래는 노래대로

쌀밥, 보리밥, 모양과 맛은 달라도
배 채우는데 부족함 없듯이
음악이 주는 벅차오름은
장르는 달라도 이루 말할 수가 없구나

인공 암벽타기

한때 좋아라 타던 눈꽃동산
바위 타던 버릇이 문득 떠올라

하늘을 쳐다보면 보이는 산
산은 자꾸 오라 부르는데
아직 이른 나이
마음은 살아 움직이는데
발바닥이 아파
포기하고 나니 공허한 마음

하산한 지 오래지만
산만 보면 오르고 싶어진다
걸을 때마다 불쑥 떠오르는
왕년의 나를 찾는 수없는 생각

아이들이 주로 하지만
나라고 못할쏘냐?
언제쯤 도전해볼까?

고개 들기 싫어 땅만 보다보니
목에도 문제가 생긴 거 같다
새로운 곳에 눈을 돌려본다
보라매공원 안에 있는 암벽타기

자연인처럼

공기 좋고 물 좋은 깊은 산골
물처럼 바람처럼 때론 구름 따라
정처 없이 흐르며 자유롭게 살고파

산이 좋아 산에서 산다네
다래랑 머루 버섯 따먹고
삼나물 쓴 맛은 말렸다 우려
데쳐먹으며 사는 자연인

봄이 되면 꽃피고 새가 울고
여름이면 파란 나뭇잎 청량한 공기
시원한 계곡 물소리 따라 울어대는 매미 떼
온갖 곤충들 눈요기 충분

가을이면 멋진 단풍들 수놓는 경치
겨울엔 눈꽃구경 하 세월 보내고
무념무상으로 마음 편히 살고프다

자연인처럼 살고픈데
도시생활에 찌든 나는
언제쯤 용기가 나려나?

찰나의 순간

조금만 참으면
눈물이 웃음이 될 것을
길지도 않은 인생 마주잡고
가도 모자란데
후회할 일을 만든다

촌음을 다투는 황혼길
후회할 일은 하지 말아야지
잘난 맛에 살다보니
바람 잘날 없네

찰나의 순간 못 참고
어제도 한바탕 난리
오늘 화해하고 보니
사소한 일에 목숨 건
우린 둘 다 바보
애들이 무얼 배울까

향기 나는 사람

화나서 참기 힘든 그 순간
상대방이 나라면 어떠했을까?

3초만 기다리라던 말처럼
상대방 편에서 생각해보자

썩은 내 나는 음식처럼
부패한 사람 말고

잘 발효된 음식처럼
향기 나는 사람 되고 싶다

현충원 시화전

흐드러진 백목련과
화려한 자태 수양벚꽃
현충원의 봄을 뽐내며
사월을 알리려 활짝 피어나

소녀 감성으로 돌아가
소중한 순간 담으려 찰칵 찰칵
만개한 웃음 참지 못한다

지척에 둔 현충원 늦게나마
먼저 간 영령들 기리다
시의 향기에 빠져 본 하루
잠시 아이러니한 기분이 든다

하마터면 날려버릴 뻔한 벚꽃 축제
초대 감사하며 단풍들 올가을 시화전
함께할 마음에 한껏 부푼다

시인의 사랑과 사유(思惟)

윤 제 철(시인, 문학평론가)

1. 들어가는 글

사람은 다른 동물과 달리 생각을 하고 남에게 말로 표현하며 소통하며 살고 있다. 생각을 말하는 대로 글로 쓰면서 각자 나름대로 개성을 드러내 자신만의 목소리로 글을 쓰려했다. 일기를 썼고 편지를 썼지만 이제는 그러한 형태의 글을 너무나 쉽게 해결할 수 있게 되었고 남길 필요가 없게 되었다.

일기나 편지 말고 다른 형태의 글로 표현하고 싶은 생각들이 많아졌다. 소년 소녀 시절부터 살아오면서 경험하고 겪어야했던 추억 중에 기쁨이나 슬픔을 보존하거나 떨치고 홀가분해지고 싶은 욕망은 가슴을 벅차게 하였다. 시간적 여유가 생기면 세상 사람들에게 털어놓으리라 벼르게 되었다. 무엇을 써야 할 것인가를 고민해야했고 어떻게 써야 효과적으로 표현할 수 있는지에 돌파구를 찾아야 했다.

바로 표현 욕구를 충족시키겠다는 일념으로 길을 찾았다. 먼저 글을 쓰는 일에 눈이 트인 문인의 가이드를 받으면서 처음 가는 길을 따라 다녀야 했다. 그리고 혼자 찾아보는 길에서 많은 시행착오를 거치면서 나의 길을 만들어야 했다. 그것은 자신의 정신영역을 확보하는 출발이었고 결국 자신의 영토를 점령하였다.

장은숙 시인은 이제 독립을 선언하려 한다. 품에 안고 보듬었던 시편들을 세상에 조심스럽게 시집으로 묶어 내놓으려 한다. 두 손으로 따뜻한 원고를 기쁜 마음으로 소중하게 받았다. 그리고 필자는 장 시인의 시세계를 누구보다 먼저 두루 살펴볼 수 있어 행복하였다.

2. 시인의 사랑과 사유(思惟)

① 사랑

독실한 신앙을 멘토로 실천한 사랑과 봉사를 통하여 살아온 삶 중에 많은 시간을 배려한 사랑은 경험과 추억 속에서 비롯되어 가슴에 감추었다.

「걸림돌과 디딤돌」에서 자신이 디딤돌로 쓰여지기를 갈망하는 절규가 담겼고, 「울타리」에서는 삶의 울타리는 고무줄처럼 신축성 있고 유연해야 함을 고했다. 「장독대」에서는 우리의 생활양식은 변화를 거듭하면서 냉정하게 통념이 사라짐을 아쉬워하고, 「첫눈 내리는 날」은 회색빛 하늘처럼 푹 가라앉은 서로의 마음을 감싸주려 내린다고 했다.

살다보면 겪게 되는 수많은 일들
한세상 살다가긴 마찬가지인데
좋은 일 앞장서진 못하더라도

누구에게든 방해가 되는
걸림돌은 되지 말아야지

나를 디딤돌로 딛고
성공하는 사람들이 많아지면
그 또한 얼마나 기쁜 일인가?

한 알의 밀알처럼 썩어
누군가 도울 수만 있다면
세상에 밑거름이 되고 싶다

—「걸림돌과 디딤돌」 전문

이 세상에 사는 수많은 사람들이 쓰임새가 다르다. 꼭 있어야할 사람이 있는가하면 있어서는 안 되는 사람도 있다. 모두가 자신을 평가할 때는 스스로를 걸림돌이 되는 사람으로 인정하지 않으려하고 디딤돌이 되는 사람들도 스스로 인정하기 부끄러워한다.

걸림돌이 되는 경우 뉘우치거나 반성하지 않고 오히려 남을 끌어내려 자신을 위하여 방해를 하려 한다. 자신을 디딤돌로 모두를 위해 쓰이기보다는 자기만을 위한 이기적인 사고방식에 애착을 가진다. 양보나 봉사에는 거리가 먼 사람이다.

그야말로 숲을 못 보고 나무만 보는 가치관의 차이다. 숲을 보는 사람은 도울 수 있는 걸 보람으로 여기고 자신을 제3자 입장에서 바라보는 여유를 가진다. 나무를 보는 사람은 자기 자신 외에 남을 바라볼 여유가 없다. 오로지 자신만을 위해 존재한다.

때론 성격 차이로 대립하고
팽팽한 줄다리기로 맞서지만
뒤돌아서면 아무 일도 없던 것처럼
항상 버팀목이 되어주는 울타리

좋은 인연 나쁜 인연 해도
있을 때가 좋은 거 같다
어쨌든 없는 것보다는
있는 게 나은 울타리

집안의 화목도 이룰 수 있는
그 울타리는 누가 쳐주나?

—「울타리」 전문

담 대신에 풀이나 나무 따위를 얽어서 집 따위를 둘러막거나 경계를 가르는 물건이 울타리다. 그러나 시에서는 가족을 보호하고 행복을 꾸려주는 보루로 비유하고 있다. 그 역할을 맡은 사람을 울타리로 은유하고 있다. 성격차로 맞선다 하더라도 아무 일도 없던 것처럼 본연의 임무에 차질을 빚지 않는 울타리로 믿고 있다.

예전에는 보이지 않게 은은하게 사랑을 주었다지만 이제는 눈에 보여야만 인정하는 세상에서 살아남으려면 그에 걸맞는 노력이 필요하게 되었다. 양성평등이라는 슬로건 아래 손을 잡고 뜻을 모으지 않으면 화목은 유지되기 어렵다. 집안에 지니고 사는 어떤 것이라도 달아나지 않도록 막아주는 울타리는 시멘트 콘크리트로 쌓은 담이 아니라 고무줄처럼 신축성 있게 유연해야 한다. 고무줄은 강철도 이겨내지 못하는 뛰어난 전략가다.

예부터 대를 이어 온 항아리가
내노라 뽐내는 장독대 오가며
일 년 농사로 저마다 맛낸 먹거리 자랑하던
항아리가 즐비하던 곳

… (중략) …

매일 아침 광내게 닦으며
힘들다 투덜대던 날이
추억이 된 지 오래
항아리가 많아야 부자소리 듣던
시절은 온데간데없는 지금

세상 좋아져 살 만해도
어머니 손맛도 함께 사라지니 아쉽네
이젠 인테리어로 남은 항아리들
그 속엔 어머님 모습도 보이네

—「장독대」 중에서

장독대는 장독 따위를 놓아두려고 만든 약간 높직한 곳이다. 간장이나 된장을 담그거나 담아 두는 장독을 정갈하게 정성을 다하여 보물처럼 여겼다. 장독대를 보고 그 집의 모든 것을 가늠하는 척도 역할을 할 만큼 귀했으나 음식을 집에서 해먹다가 시장에서 사 먹게 되고 이미 가공되어 있어서 즉석에서 완성되는 인스턴트가 나오면서 가치가 떨어졌다.

문명의 이기는 잔손가는 걸 싫어하고 어머니 손맛을 잊고 사는데 익숙해졌다. 이사를 가는 날 거치적거리는 존재로 전락하고 숨어 있는 추억속의 살았던 삶의 모습을 지웠다. 아직도 나이든 세대에선 인테리어로 남은 항아리에 어머니가 그립다. 그러나 그 조차도 언제까지나 부지할까, 우리의 행동양식은 변화를 거듭하면서 냉정하게 통념을 빼앗았다. 장독대를 매체로 응시한 화자의 예민한 감각은 실타래를 풀어내듯 추억을 불러내고 있다.

첫눈 내리면 만나자고 약속하지만
과연 누굴 위해 내리나?
아이들 놀이터 하라고 쌓이나?

내 마음 엿보고 달래주려 내리나?
속 모르는 강아지 좋아라 날뛰고
창문 넘어 눈꽃은 나오라 부르네

첫눈은 회색빛 하늘처럼 푹 가라앉은
서로의 아픈 마음 포근한 마음으로
감싸주려 내리는 걸 거야

—「첫눈 내리는 날」 전문

첫눈이 내리는 날 만나자고 하는 약속은 애매한 약속이다. 겨울에 접어들어 처음 오는 눈이 언제 올지도 모르고 눈에 띄지 않을 정도로 적게 내릴 수도 있어 보지 못하면 헛일이기 때문이다. 화자의 마음과는 어떤 관계도 없이 내리는 눈은 누구를 위한 것도 아니다.

눈이 세상 위에 쌓이면 더러운 부분까지도 가려주는 역할을 하고 앙상한 가지를 이불처럼 감싸주었다. 이제는 공기 중에 먼지나 오염으로 눈은 더 이상 하얀 눈이 아니다. 눈이 녹으면 진흙투성이가 되는 눈 맞은 옷이나 승용차를 보면 반갑지 않다.

그래도 눈은 우리들에게 추억을 불러들인다. 화자의 마음을 엿보고 달래주려고 창문 넘어 눈꽃이 나오라 부를 때, 회색빛 하늘처럼 푹 가라앉은 서로의 마음을 감싸주려 내린다고 했다. 단순한 하나의 생각을 하게 만든 원인까지도 찾아내는 상상력은 예사롭지 않다.

② 사유(思惟)

사유는 자연과 인과관계에서 체득한 것을 머리에서 결합한 것이다. 시인은 자신이 의도한 일들의 결과와 납득하기 어려우리만큼 상이한 반응에 대한 고민의 흔적을 보여준다.

「온도 차이」에서 불편하지 않으려면 서로 맞추어가는 것이 가장 적절한 처방이며, 「은하수」에서 슬픔과 괴로움을 이겨내려고 매달리거나 꿈을 이루어달라던 별은 보이지 않는다.

「이슬」에서 투명한 방울방울에 담은 영롱한 소리를 손녀에게 들려주려하고 「거미줄」에서는 상부상조하는 인연을 끊임없이 받아들여야할 조건을 충족해야한다. 「봄이 오는 소리」에서 소리는 마음의 열림으로 들판의 봄나물들이 땅을 뚫고 나오는 소리조차도 들어야한다.

> 긍정과 부정 온정과 냉정
> 사랑과 무관심
> 사이사이 쌓여가는 감정들
>
> 그 모든 말에는
> 온도 차이가 있다

미움도 이해하다 보면 사랑으로
사랑은 또 권태로 변한다

차가 심할수록 마음은 불편하다
항상 적당한 조절이 필요하다

—「온도 차이」 전문

온도는 차가움과 뜨거움의 정도를 나타내는 수치다. 서로 정반대의 의미를 지니고 있다면 그 온도차는 가장 크게 나는 경우에 해당된다. 그러한 상태에서 감정은 심화되어 대립되고 조금만 건드려도 곧 폭발할 것 같은 몹시 위험한 일촉즉발의 위기를 맞이할 수밖에 없다.

그러나 우리는 말 그대로만을 의미하지는 않는다. 같은 내용을 가지고도 견해나 느낌의 차이를 말하기도 한다. 그 차이는 사람의 성격이나 민감한 감각의 차이에서 생기기도 한다. 같은 말을 해도 얼굴 표정이나 억양에 따라 받아들이는 상대는 반응의 차이를 보여준다.

온도 차이가 나지 않도록 적당한 조절을 통하여 불편하지 않은 마음을 간직하기를 바라지만, 어떤 상황이든 느끼는 대로 반응을 보이고 그것을 행동으로 과격한 온도 차이를 보여준다면 갈등은 격화되고 숨이 막힐 것이다. 서로 맞추어간다는 말이 가장 적절한 처방이다.

은하수 건너 또 다른 세상엔
누가 살고 있을까? 그땐 생각도 많았지
별이 총총하던 어린 시절
별빛이 흐르던 별 마당에 누워보던 하늘
백마 탄 동화 속 왕자도 그 속에 있을 거 같아
발 크기도 내려다보고 신데렐라가 되고 싶었다

탁해진 공기 어린애들 꿈마저 빼앗아간
서울하늘 쳐다보며 그땐 그랬지 하며
그 시절 그리워하여도 보이지 않는 은하수
떠나고 안 계신 울 부모 계신 곳
저편 어디메쯤인지?

—「은하수」 중에서

은하수는 천구 상에 남북으로 길게 보이는 수억 개의 항성 무리를 강물에 비유하여 일상적으로 이르는 말이다. 대기오염으로 몸살을 앓기 이전 밤하늘에 촘촘히 떠 있는 별이 눈에 빤히 보이던 그 시절 많은 꿈을 안겨주었다. 슬픔과 괴로움을 이겨내려고 매달리기도 하고 마음에 먹고 있는 꿈을 이루어달라고 빌던 그 대상은 이제 가려져 보이지 않는다.

그저 떠나고 안 계신 울 부모 계신 곳일 뿐 어림짐작으로 그땐 그랬지 하며 어쩌지 못한다. 시골에라도 데려가 보여줘야 할 판이다. 마음속에 띄워 그려보는 그림으로 보여줄 수도 없다. 요즘은 자신이 하는 일에 크게 성공한 사람들이 별 대신 스타로 뜬다. 그 스타를 보며 목표로 삼고 노력의 대상으로 삼는다. 은하수의 별과 현실의 스타가 똑같은 별인데 그들도 수명이 있는지 영원하지 않은 채 사라졌다 다시 새로 뜨고 수시로 변하고 있다.

진주처럼 영롱한 구슬이
새벽에 바라본 풀잎에
매달려 나를 유혹한다

물방울이 방울방울
금방이라도 떼구루루 흘러내릴 듯한
옥구슬도 되고 금구슬도 되어
시도 되고 노래가 되어 퍼진다

목걸이로 만든
투명한 진주 이슬방울
예쁜 우리 손녀 목에
걸어주면 어떨까?

—「이슬」 전문

이슬은 맑은 날 밤, 낮에 데워진 지표면이 밤에는 차가워지기 때문에 풀잎 · 나뭇잎 · 꽃잎 등은 밤에 공기보다 이슬점 이하로 냉각되어 물체 표면에 맺힌다. 날이 밝아지면 빛의 굴절에 의해 영롱한 구슬처럼 빛난다. 그 모습은 떼구루루 굴러 보석이 된다.

옥구슬도 되고 금구슬도 된다. 어디 그뿐이랴, 느끼기에 따라 시를 쓸 수 있는 소재가 되고 노래를 부를 수 있는 작사가 되기도 한다. 이슬은 그만큼 신비스런 아름다움을 지니는 물방울이며 마음을 울려주는 목소리를 지녔다.

구슬은 어느 누군들 갖고 싶지 않겠는가, 투명한 방울방울이 모두가 진주이니 목걸이로 엮을 수 있으니 말이다. 그리고 아침을 여는 이슬의 소리가 은은한 삶의 소리로 귀에 들린다. 화자는 맑은 영혼으로 마음에 담은 소리를 손녀에게 들려주려는 것이다.

한동안 막아놓은 보라매 뒷산 자락
거미줄이 이곳저곳 집을 지었네

호랑이 없는 굴엔 토끼가 왕이듯
올여름 모기나 날파리는
거미들이 다 해결해주겠구나

…(중략)…

찌륵 찌르르
초록색 옷 갈아입고
초여름을 알리려는 듯
한들한들 춤추며 앞장서네

없애버린다는 안내 표지판
목에 건 굴참나무가 안쓰러워
해결 못해주는 나 자신이 미워
거미줄에 옥죄이는 마음으로
한참을 눈길만 주다 돌아왔네

—「거미줄」 중에서

왕래가 끊어진 보라매 뒷산 자락에 거미줄을 쳐놓아 모기나 날파리를 해결해주길 바라지만, 초여름을 알리느라 옷 갈아입고 나서는 신록에서 굴참나무에 건 없애버린다는 안내를 보고 해결 못한 채 눈길만 주다 돌아온 화자는 미안함뿐이다.

이유가 있겠지만 함께 하지 못함이 안타깝고 화자는 마음이 아프다. 거미줄에 옥죄이는 압박감을 갖게 한다. 거미줄에 도움을 받는 것에 비하면 화자 자신이 거미줄에 매여서 당하는 아이러니가 아닐 수 없다. 안팎에 걸친 이미지의 반전은 급물살을 타게 된다.

뒷산은 현실의 각박한 상황을 피하거나 숨겨주는 도

피처다. 사람이 잘 보호해야할 소중한 자연이다. 서로간에 주고받는 상관성에 주목해야 한다. 서로는 이 순간만 존재하는 것이 아니기 때문에 상부상조하는 인연을 끊임없이 받아들여야 할 조건을 충족해야한다.

매섭게 부는 칼바람 속
외투 깃 세운 사람들
누구보다 먼저 타들어 가는 열정
내보이고 싶어 나온 붉은 설중매

벌써 입춘이라는데 눈이 펑펑 내리니
아직도 봄은 오기 싫은가 보다

뚝 둑 뚜욱뚝
처마 밑 고드름 녹아내리는 소리

타닥 타닥 토옥 톡
바싹 마른 가지 위 움트는 봉오리

조올졸 졸 졸 졸
얼음장 밑 녹아내리는 물소리

쏘옥 쏘옥 쏙 쏙
귀 기울여야 알 수 있는 소리들

누구나 느낄 수 있는 건 아닌 듯
자세히 보아야 보이는 이른 봄
무심코 지나치는 사람들 틈
까치들이 먼저 즐기고 있구나

군데군데 솟아오르는 파란 새싹
짓밟혀도 결코 죽지 않는 잡초들
강인한 생명력 본받고 싶다

—「봄이 오는 소리」 전문

매섭게 부는 칼바람 속 앙상한 가지로 죽은 듯 움츠리고 섰던 나무들이 봄이면 다시 새롭게 삶을 이야기하려 열정을 내보이며 나온다. 붉은 설중매, 처마 밑 고드름, 움트는 봉오리, 녹아내라는 물소리 등 누구나 느끼는 건 아니지만 귀 기울여 봄이 오는 소리를 듣고 있다.

사물이나 사건에 대한 관찰은 항상 시도된다고 할 수는 없다. 상태나 움직임, 그리고 소리를 듣고 유사한 성질이나 비롯되는 느낌으로 감각을 자극하여 만나는 시상을 맛본다. 시간대로 날씨대로 상황대로 감정의 변화는 반복의 연속선상에서 어쩌다 귀띔을 해주는 것이다.

봄이 오는 소리는 청각을 통한 것이 아니라 마음의 열림으로 들린다. 봄이 오는 것을 재촉하는 봄비 내리는 소리도 그렇다. 들리지 않는 들판의 봄나물들이 땅을 뚫고 나오는 소리조차도 인정해야 하는 것이다. 밟아도 죽지 않는 잡초나 파란 새싹으로 봄은 오는 것이다.

3. 나가는 글

시인은 일상의 사물과 사건 그리고 사람들과 만남을 통하여 삶을 영위한다. 그 만남 중에 관심을 가질 수 있는 대상을 관찰하여 사랑과 사유의 공간을 폭넓게 확보할 수 있다. 남들보다 더 많은 시간이 주어진 것이 아니라 더 많은 시간을 만들어 느끼고 생각하는 일상을 소유하여 또 다른 정신영역을 만들며 사는 사람들이다.

시상은 시인이 찾아 나서기보다는 일상으로 다가온 느낌을 통해서 만난다. 시상은 하나의 소재로 생각을 하게 하는 단초(端初)가 된다. 어떤 경우라도 앞서가는 의식을 제시하여 지금까지 지녔던 사고방식에서 새롭게 일깨워주는 선구자 같은 역할을 하며 살아왔다.

장은숙 시인의 작품을 읽다 보면 크게 두 가지 부분으로 나누어 논할 수 있다. 시인이 만난 사랑과 사유(思惟)로 구분하여 공감하고 감동을 얻을 수 있다. 사랑은 경험과 추억 속에서 사유는 자연과 인과관계에서 체득한 것이다. 사랑은 자신이 받는 것보다는 남을 배려하고 보살핌에서 비롯한 따사로움과 편안함이며 베풀고 나서 얻는 기쁨을 더 크게 즐기고 있다. 사유는 마주하는 대상의 모순과 편견에 대한 충분한 대화로 얻어지는 해결의 실마리를 두뇌로 생각을 통하여 얻어지는 밝음과 시원함이다. 변화되지 못하고 얽매여 불편한 사고방식을 풀어주는 해방자로 쉬지 않고 있다.

또한 다양한 주제로 불투명한 현실을 받아들이거나 거부하지도 못하는 현대인들의 내면의식의 흐름을 깊은 사고력을 동원하여 풍부한 어휘력과 탁월한 시어를 선택하여 결합한 시의 형상화는 중심내용을 뚜렷한 이미지를 드러내는데 성공하고 있다. 갈고 닦은 많은 시편을 한 권으로 묶은 시집『삶의 한가운데 서서』를 발간하심에 축하드리며 꾸준한 노력으로 더욱더 새롭게 변환하는 계기가 되고 많은 독자들로부터 사랑받는 시집이 되길 바란다.

문학세계대표작가선 971

삶의 한가운데 서서

장은숙 시집

인쇄 1판 1쇄 2022년 5월 23일
발행 1판 1쇄 2022년 5월 30일

지 은 이 : 장은숙
펴 낸 이 : 김천우
펴 낸 곳 : 도서출판 천우
등 록 : 1992. 2. 15. 제1-1307호
주 소 : 서울시 성동구 무학봉28길 6 금용빌딩 2F
전 화 : 02)2298-7661
팩 스 : 02)2298-7665
http://moonhak.wla.or.kr
E-mail : chunwo@hanmail.net

값 13,000원

ISBN 978-89-7954-873-0